VENTE

DE

TABLEAUX ANCIENS

En la Maison de Mme DE COTTIN

A Charenton, rue de Paris, 57

LE DIMANCHE 21 AVRIL 1872, A UNE HEURE

Par le ministère de Me CHESNEL

Greffier de la Justice de Paix

Rue Gabrielle, 23, à Charenton

Chez qui se distribue le Catalogue

Expositions les Mercredi 17 et Jeudi 18 avril 1872.

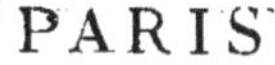

PARIS

IMPRIMERIE D. JOUAUST

RUE SAINT-HONORÉ. 338

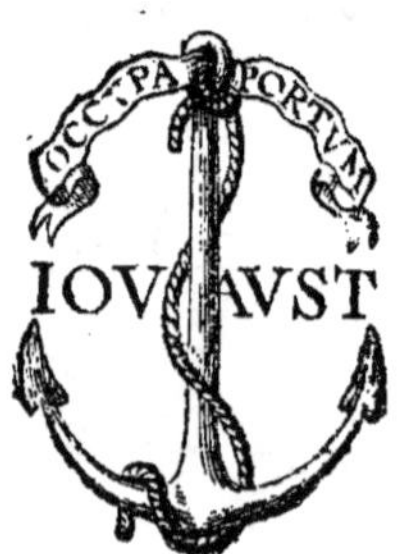
OCC·PA PORTVM
IOV AVST

VENTE

DE

TABLEAUX ANCIENS

CONDITIONS DE LA VENTE

Elle sera faite au comptant.

Les acquéreurs payeront *dix pour cent* en sus des enchères.

VENTE

DE

TABLEAUX ANCIENS

En la Maison de Mme DE COTTIN

A Charenton, rue de Paris, 57

LE DIMANCHE 21 AVRIL 1872, A UNE HEURE

Par le ministère de Me CHESNEL

Greffier de la Justice de Paix

Rue Gabrielle, 23, à Charenton

Chez qui se distribue le Catalogue

Expositions les Mercredi 17 et Jeudi 18 avril 1872.

PARIS

IMPRIMERIE D. JOUAUST

RUE SAINT-HONORÉ, 338

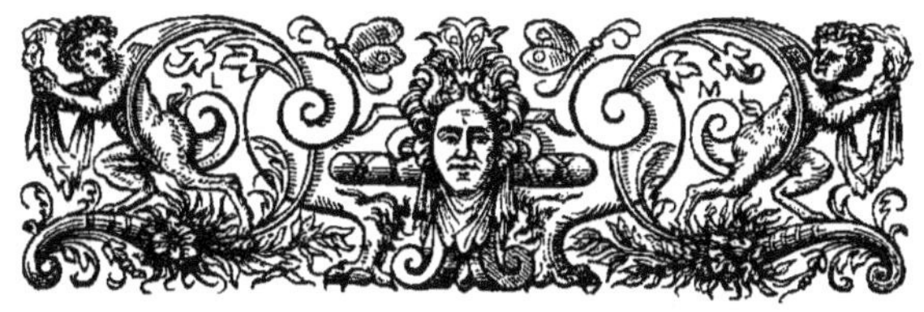

LA COLLECTION

DE

LORD THOMAS BARNEWALL

BARON TRIMLESTOWN

———

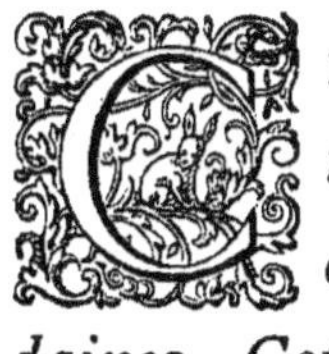CE n'est pas notre faute si nous traitons les tableaux que voici comme autant de pages légendaires. Cette intéressante collection de tableaux, choisis sans nul doute par un connaisseur d'autrefois, était cachée en certaine retraite solitaire, au pays de Charenton. Henri IV et les princes de

*Conti ont laissé dans ce village un grand souvenir, peu de jours se passent encore sans qu'on y retrouve un vestige heureux des temps passés : tant de beaux livres, de fragments curieux de porcelaines, de tableaux ; tant d'attestations que la grâce, la toute-puissance et le bel esprit ont passé par là ! Dans cet Hermitage (c'est son nom) de Charenton, vous pourriez voir des tableaux imprévus dont l'origine est retrouvée, à savoir : le portrait des ambassadeurs de Tippo-Saïb. M*me* Vigée-Lebrun elle-même (elle voyait bien toute chose), a conté dans ses Mémoires sa rencontre avec ces diplomates cuivrés, qui portaient si légèrement des titres superbes. Elle les vit pour la première fois à l'Opéra, qui était alors l'horloge de l'Europe : « Ils me parurent tout d'abord des créatures étranges, à ce point que je résolus de faire leur por-*

trait ; et comme ils résistaient à mon désir, je fis intervenir la volonté du roi lui-même. Il fallut obéir. Ces représentants d'un pays sauvage à la fin consentirent à me recevoir, et, comme ils voulaient être peints chez eux, je me fis précéder d'une grande toile et de ma boîte à couleurs, avec des brosses et des pinceaux. A peine entrée en ce logis, un de ces voyageurs me versa sur les mains de l'eau de rose ; il s'appelait Davish-Khan, et posa devant moi deux séances. Je le fis en pied, tenant en main son poignard, les draperies, les mains, tout lui-même. Ainsi j'achevai ma tâche, et comme en effet je voulais emporter mon tableau, il me fallut encore une fois invoquer le nom du roi. »

Ce portrait de Davish-Khan est un tableau d'histoire. Il appartenait autrefois au lord Trimlestown, un grand amateur, qui le fit transporter dans cette maison de Charenton. Mme Vigée-Lebrun a très-bien dit avec son charmant sourire : « Oh bien ! je fus amoureuse un instant de ce grand Turc ! » Ah ! l'aimable femme et le grand artiste ! Elle a rempli de ses souvenirs tout un livre, et nous la voyons, aux heures sombres de 1814, qui s'enfuit, devant les Prussiens, de sa maison au pillage. Ils commençaient par lui prendre une tabatière en or, et leurs mains grossières cherchèrent dans les plis de sa couverture, s'ils ne trouveraient pas l'argent de la grande artiste, à qui nous devons (deux fois) un admirable portrait de la reine Marie-Antoinette.

Guerre impie ! elle n'a pas épargné le talent, la beauté, la jeunesse !

On peut voir encore dans cette humble

maison de Charenton plusieurs toiles re-
marquables : une Vieille Femme de Denner, un portrait du Dominiquin, dignes
du Louvre; un tableau de Carlo Dolci,
en son cadre ancien, magnifique, repré-
sente une Hérodiade. En tous cas, la
jeune femme est très-belle en cet habit
charmant, et l'on s'arrête en présence de
cette belle personne. Arrivent en même
temps les peintres favoris de l'heure pré-
sente : Italiens, Français, Flamands,
toutes ces merveilles que nous payons au
poids de l'or, paysages, jardins, palais,
cathédrales, la nature et le talent, la re-
cherche et le bon goût, tant d'images et
de portraits!

Il y avait au siècle passé un certain
Ranc, de Montpellier, le parent du Ranc
d'aujourd'hui. Il était né en 1674 ; il
mourut, en 1735, premier peintre du roi

d'Espagne, un vrai connaisseur. On voit
de ce premier Ranc un tableau très-agréa-
ble à voir : Vertumne et Pomone. Pomone a vingt ans, d'une beauté parfaite,
au printemps de la vie ; elle a la grâce et
le sourire, la jeunesse et l'amour. Les
connaisseurs anciens disaient autrefois
que Pomone était de son vrai nom la
duchesse de Chalaris ; ils reconnaissaient
dans le Vertumne M. le Régent lui-même,
et Dieu sait comme on saluait ce repré-
sentant de la toute-puissance ! Un jour
que ce célèbre Ranc était inquiété par
quelqu'un de ces fameux connaisseurs qui
ne sont jamais contents de rien ni de personne : « Oh bien ! leur dit-il, je vous mon-
trerai le portrait d'un ami à vous que je
viens d'achever ! » Le lendemain, il fit
placer la tête annoncée au beau milieu
d'une toile, et les connaisseurs de s'écrier :
« Certes, c'est assez ressemblant ! — Vous

avez raison, messieurs les difficiles, c'est moi-même, » s'écria le modèle ! Et de rire. On en rit longtemps. L'histoire est restée et le modèle s'est perdu.

On vous invite à saluer ces derniers vestiges d'une collection modeste, où vous verrez des choses qui nous plaisent et qui portent de grands noms : une Madeleine d'Alonzo Cano, trois tableaux de deux Carrache : Hercule enfant, l'Amour endormi. Un paysage de Claude Gelée, un pâtre de Giorgione, qui ne paraît pas indigne de ce grand nom, une Vénus de Graff, un tableau de Peter Neefs, de Panini et même de Nicolas Poussin. Nos lecteurs comprendront que nous n'affirmons pas ces grandes provenances, nous sommes des gens de bonne foi ; mais le Ruysdaël et le Tintoret nous semblent sans réplique.

Il y avait naguère un voyageur qui, parlant d'un musée à sa convenance, écrivait sérieusement : « Nous avons vu des peintures d'un peintre ignoto qui nous ont paru charmantes. » Ce peintre ignoto est représenté plusieurs fois dans les toiles laissées à ses amis par lord Thomas Barnewall, baron Trimlestown. S'il n'a pas fait un musée irréprochable, il aura du moins laissé un témoignage authentique de son choix et de son goût dans ces belles choses si changeantes en l'appréciation des connaisseurs.

JULES JANIN.

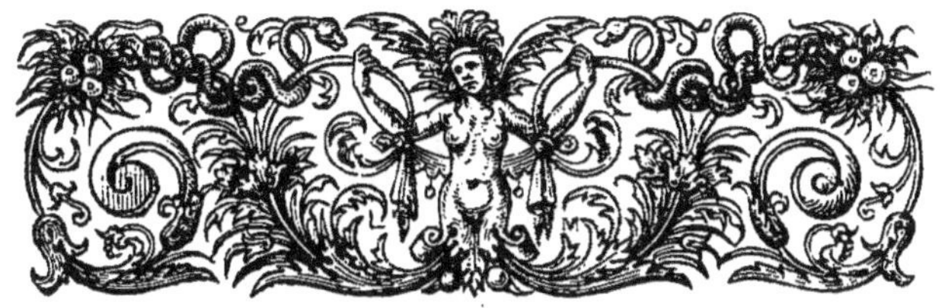

CATALOGUE

1. BOL (Ferdinand). — Portrait de Jean
Sobieski, roi de Pologne.

2. BORSSUM (Abraham Van), signé. —
Intérieur de ferme.

3. CANO (Alonzo), signé. — Madeleine.

4. CARRACHE (A.). — L'Amour endormi.

5. CARRACHE (A.). — Hercule enfant.

6. CARRACHE (F.). — Martyre de saint Charles Borromée.

7. DELEN (signé D. Van Delen, 1662). — Palais Madaona.

8. DELEN (signé D. Van Delen, 1643). — Intérieur d'un temple protestant.

9. DENNER (Balthasar). — Portrait de vieille femme.

10. DIETRICH. — Madeleine.

11. DOLCI (Carlo). — Hérodiade.

12. DOLCI (Carlo). — La Vierge et l'Enfant Jésus.

13. FRANCK. — Visitation.

14. GELÉE (Claude), dit le Lorrain. — Paysage.

15. GIORGIONE. — Pâtre.

16. GRAFF (signé). — Femme nue.

17. GUASPRE-POUSSIN. — Paysage.

18. GUIDO (RENI), dit le Guide. — Aurore.

19. HONDEKOETER. — Basse-cour.

20. HONTHORST (Gérard). — Salvator Mundi.

21. LAGRENÉE (signé). — Mise en croix. (Dessin.)

22. MOLENAER (signé). — Paysage.

23. NEEFS (Peter). — Intérieur d'une cathédrale en Flandre.

24. PANINI (signé). — Les Marchands chassés du Temple.

25. POUSSIN (Nicolas). — Vénus versant l'ambroisie sur la tête d'Enée.

26. RANC. — Vertumne et Pomone. Le Régent et la duchesse de Phalaris.

27. RIBERA. — Inquisiteur.

28. ROBUSTI (Jacques), dit le Tintoret. — Femme à sa toilette.

29. ROOS (Philippe), dit Rosa de Tivoli. — Paysage et animaux.

30. RUBENS (D'après). — Vierge et l'Enfant Jésus.

31. RUYSDAEL (J.). — Paysage.

32. SMITZ (signé) — Madeleine soutenue par les Anges.

33. SMORN (signé, 1614). — Kermesse flamande.

34. SNEYDERS. — Tète de sanglier.

35. STELLA. (Copie du Poussin.) — Christ
en croix.

36. VAN THULDEN. — La Crèche.

37. VAN THULDEN. — Adoration des Mages.

38. VACCARO (Andrea). — Fuite en Égypte
(sur lapis-lazuli).

39. VAN DE VELDE (signé). — Taureau.

40. VIGÉE-LEBRUN (signé, 1789). — Portrait de Davish-Khan, ambassadeur
de Tippo - Saheb à la cour de
Louis XVI. (Voir *Mémoires* de
Mme Vigée-Lebrun.)

41. VIGÉE-LEBRUN. — Paysage. Vallée de
Lauterbraunn. (Voir *Mémoires* de
Mme Vigée-Lebrun.)

42. WYNTRACK (signé). — Intérieur avec
un chien.

43. Zampieri (Dominique), dit le Dominiquin). — Portrait d'homme.

INCONNUS

44. Sainte Famille.

45. Portrait ancien.

46.   Id.

47. La Peinture.

48. Marché flamand.

49. Intérieur flamand

5o. Buveur.

5i. Portrait.

52. Paysage. Vue des côtes de Normandie.

53. Paysage.

54.   Id.

55.   Id.

56. Oiseaux et fruits.

57. Fleurs et fruits.

Ces tableaux ont appartenu à lord Thomas Barnewall, baron Trimlestown.

On se rend à Charenton par le chemin de fer de Lyon, les omnibus de-la barrière de Charenton, de la porte de Bercy et les bateaux.

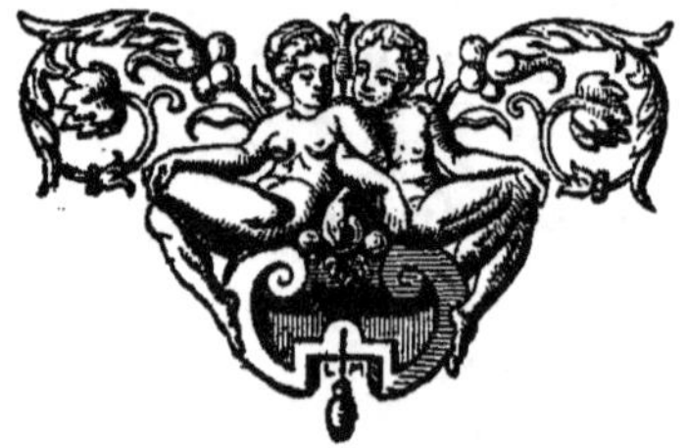

Imprimé à Paris

PAR D. JOUAUST

RUE SAINT-HONORÉ, 338